遅日の記

詩　佐々木寿信
画　葛西薫

ADP

雪舟涙のねずみの雨
岬の山に煙る

目次

遅日の記

太陽《ひかり》のはしご

雲間よりおりる
ひかりのはしご
天へと続くよ
かたむいた物語さそう

空にのぼってみよ
なつかしい
遠い父の声がする
母のぬくもりがする

ひかりのはしご
雲間よりおりる

かずへぃ君

お習字教室
かずへぃ君
へのへのもへじ
へのもへじ
いたずら大好き
わんぱくだ

落書き板塀
かずへぃ君
へのへのもへじ
へのもへじ
しかられ坊頭の
いたずらっ子

いつも元気なかずへぃ君

わんぱく坊頭の
いたずらっ子

ゆき

ゆゆゆゆ雪が降る
枯木に野に山にも
ゆゆゆゆゆ雪が降る
屋根に窓に

ししししし白い雪
しししししし新世界

二月のゆき

こんこん粉雪
窓の雪
猫柳に降り積る
春はまだかよ
もう少し
こんこん粉雪
窓の指文字

しんしん綿雪
屋根の雪
猫柳に降りかかる
春になったら
また遊ぼ
しんしん綿雪
屋根に積るよ

雪の日のたより

屋根に雪　窓に雪
野原も雪
春が待ち遠しい
猫柳雪かぶる
きみこちゃんはおたよりくれた

春を待つ　窓に書く
指文字です
青い窓ガラスよ
雪の日の二月です
きみこちゃんへおたより出した

小さな春

雪どけ水が川になり
こぶなもめだかも泳いでる
小さな春です
光りが生まれます

小川の岸の猫柳
そっと春ですよとささやく
小さな春です
つぼみが生まれます

桜木雲がはなれます
つくしの坊やもみつけます
小さな春です
春風生まれます

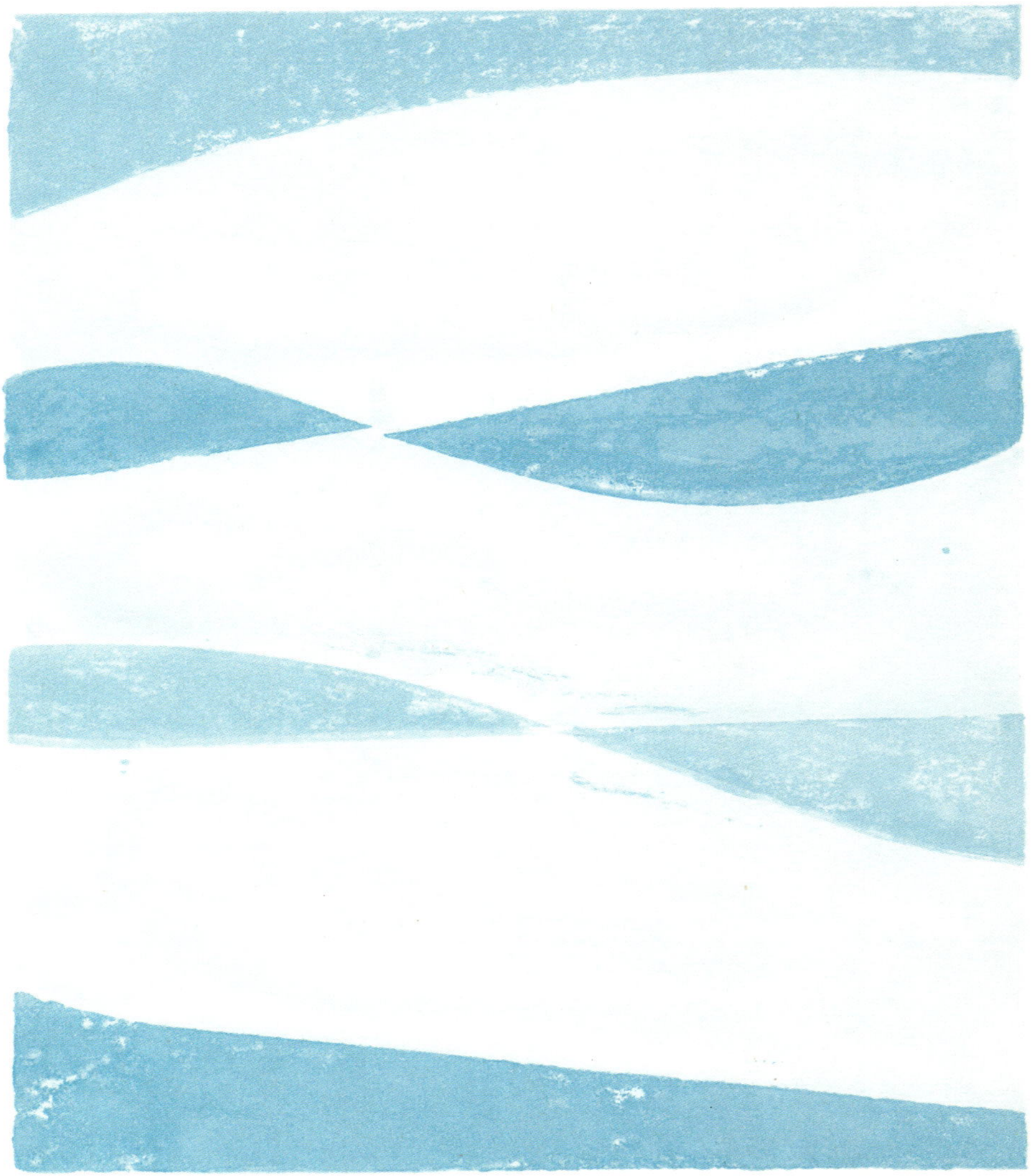

春になったら

春になったら　また遊ぼ
雪がとけたら　また会える

猫柳雪の重さに
ふる粉雪
一つひとつと数えるように
ガラス窓に指文字で
春になったらまた遊ぼ

桜の木枝の芽吹きに
知るおとづれ
今かいまかと待ち遠しくて
くもり空を見上げてる
雪がとけたらまた会える

三月

三月
小川のささやきが
春を呼んでいる
いまに
猫柳も萌《も》えるでしょう

お窓の
ガラスにうつる木が
春を呼んでいる
そして
桜の木も芽吹くでしょう
いまに
楽しい春がくるでしょう

すみれ

すみれよすみれ
こ紫
あの子に手わたした
野のすみれ
そっと願いをこめて
すき

すみれよすみれ
忘れない
あの子はもういない
ああすみれ
きっとお元気ですね
すき
今もすき

春ですよ

チョロチョロ小川
岸の猫柳
ふっくら春をみつけたよ
風も光ってる
ラララ

ユラユラ雲も
土手の桜の木
ほんわか春を知りました
枝もたれている
ラララ

みんな春です
春そのものです
ラララ
春ですよ

ハル

吹く風も春です
浮く雲も春です
小川の光り
春がやっとやってきた
ハルは小川にやってきた

咲く花も春です
啼く鳥も春です
桜の枝に
春はそっとうたってる
ハルが小枝でうたってる

さくら

桜さくら
さくらの花よ
こんもり桜木さくらの村よ
咲いて花散る
さくらの花よ
さらさら春風吹いていた

桜さくら
さくらの空さ
咲く花桜よさくらの木々よ
夢の花です
さくらの花よ
ゆらゆら春空花ぐもり

春

チョロチョロ小川
ながれてる
葦の根もとを流れてる
春ですね
蟹がキョロキョロ歩いてた

ユラユラ雲が
浮かんでる
葦の向こうに浮いている
春ですよ
風がキラキラ光ってた

桜だより

ちらほら
桜だより
白い雲がふわりふわり
きみこちゃんどうしていますか

あちこち
桜だより
春の風もそよろそよろ
きみこちゃん元気でいますか

桜だよりは
こっちにも届いています

春いっぱい　花いっぱい

桜並木を
よしのぶちゃんえいこちゃん
話しながら歩いてる
花かげ天使も遊び
春のさかり
二人の夢がひろがる
今日の日よ春いっぱい

つくし背のびし
よしのぶちゃんえいこちゃん
歌を唄い花を摘む
春風頬なで流る
春のひかり
二人の胸にひろがる
夢を見る花いっぱい

ぼくの夢

♪いらかの波と雲の波
かさなる波の中空を♪

ぼくの夢は鯉のぼり
いつか龍になるんだと
母が語ったあの人の
あの人のようになるんだと
思う空に
鯉のぼり泳ぐ

♪たちばなかおる朝風に
高く泳ぐや鯉のぼり♪

コイノボリ

中空高く泳ぐ
コイノボリ
龍となる
おさむちゃん
鯉魚《りぎょ》龍門

屋根の上高く泳ぐ
コイノボリ
鯉に似る
おさむちゃん
ああ龍です

♪屋根より高い鯉のぼり♪
♪たちまち龍になりぬべき♪

言わせとけ

言いたいやつには
言わせとけ
ぼくはぼくだ
さくらんぼは風にゆれてる

あしたのあしたは
やってくる
ぼくのとこも
夕焼け雲　星が光るよ

言いたいやつには
言わせとけ

龍になったりょうちゃん

青空高く鯉のぼり
りょうちゃんは見上げてた
いつか龍　いつか龍
龍になろうりょうちゃん

ゆうゆう泳ぐ鯉のぼり
りょうちゃんは夢がある
それは龍　それは龍
龍になったりょうちゃん

いまは龍
龍になったりょうちゃん

ハマナス

ハマナスは海をみつめてた
波　波　波　青　青　青
潮風にゆれていた

ハマナスの花は咲いていた
海　海　海　空　空　空
潮騒を聞いている

ハマナスの花がゆれている
潮風がふいている

青葉の風

桜青葉は空見上げ
雲が一つ二つと流れてる
遠くふる里の夕焼け
赤くそまっている青葉の風

桜青葉は吹かれてる
夢が二つ三つと浮かんでる
いまも思い出す昔の
夕べ光っていた一番星

道

青葉が風にふるえてる
遠くこの一本道
雲が浮かぶ
ああバスがゆく

こ道が空をみあげてる
いつかこの並木道
春になると
また桜咲く

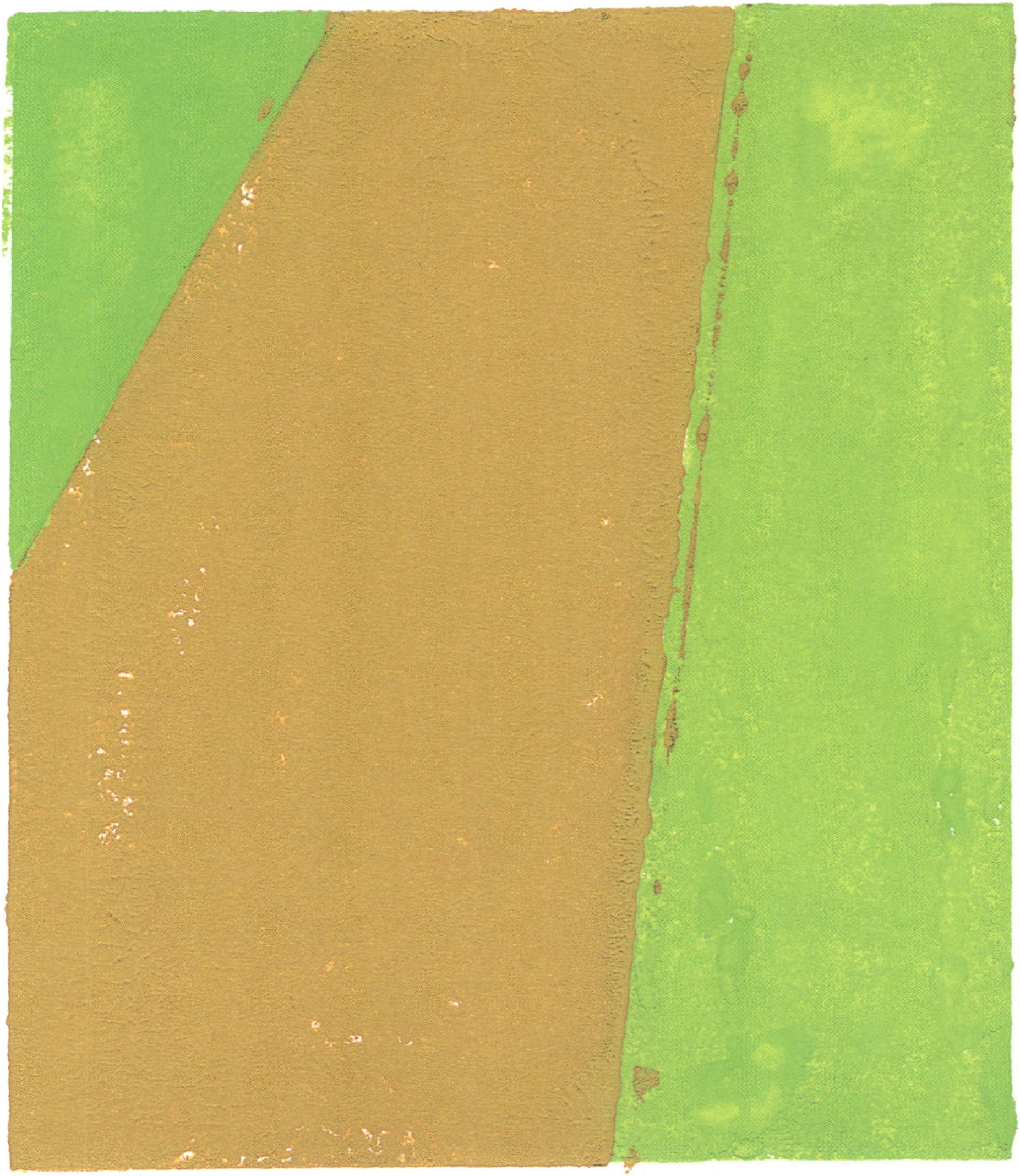

それぞれの顔　それぞれの花

やさしい顔　しかくい顔
こわい顔
人はそれぞれその顔で
それでいい
みかん畑から海を見る
夕日が静かに沈んでゆく

ま白い花　ゆがんだ花
ちさい花
花もそれぞれその花で
それでいい
ひとり夕暮れの道をゆく
一番星ほら光っている

あじさい坂

紫陽花が咲いている
坂の上には
あの子の家があった
傘のしずく
立っていた

紫陽花が咲いている
坂の上では
あの子を思い出すよ
雨のしずく
立っていた

タナバタ

七夕飾りの笹影に
夢が止まりて
キラキラお星
光って祈る

七夕祭りの笹の葉よ
風に吹かれて
さらさら夜が
ながれてゆくよ

七夕さまです笹の影
夢は止まるよ

夏草

蝉が鳴いてる山で
百合にあったよ
ジージーが白い花にしみる日
麦わら帽子
ジージー

草が青々してる
ゆりが咲いてる
ジージーと白い花にないてる

朝顔日記

朝一番に朝顔に水やる
今日また一輪青い花咲く
花一輪が咲くたびにときめく
あしたに花つけ庭が華やぐ

なつです

ミーンミンミーン
屋根のかわらの陽が光る
なつです
かき氷を食べてます

ミーンミンミーン
庭の朝顔咲いてます
なつです
水やりをしています

ひまわりと海

ひまわりの花の向こうに
海が見えるよ
ジージーと蝉も鳴いている
この夏は忘れない
海が見えるひまわりの肩

ひまわりが咲いた向こうに
海が見えるよ
麦わら帽子が消えてゆく
この夏に出会ったよ
海が見えるひまわりの向こう

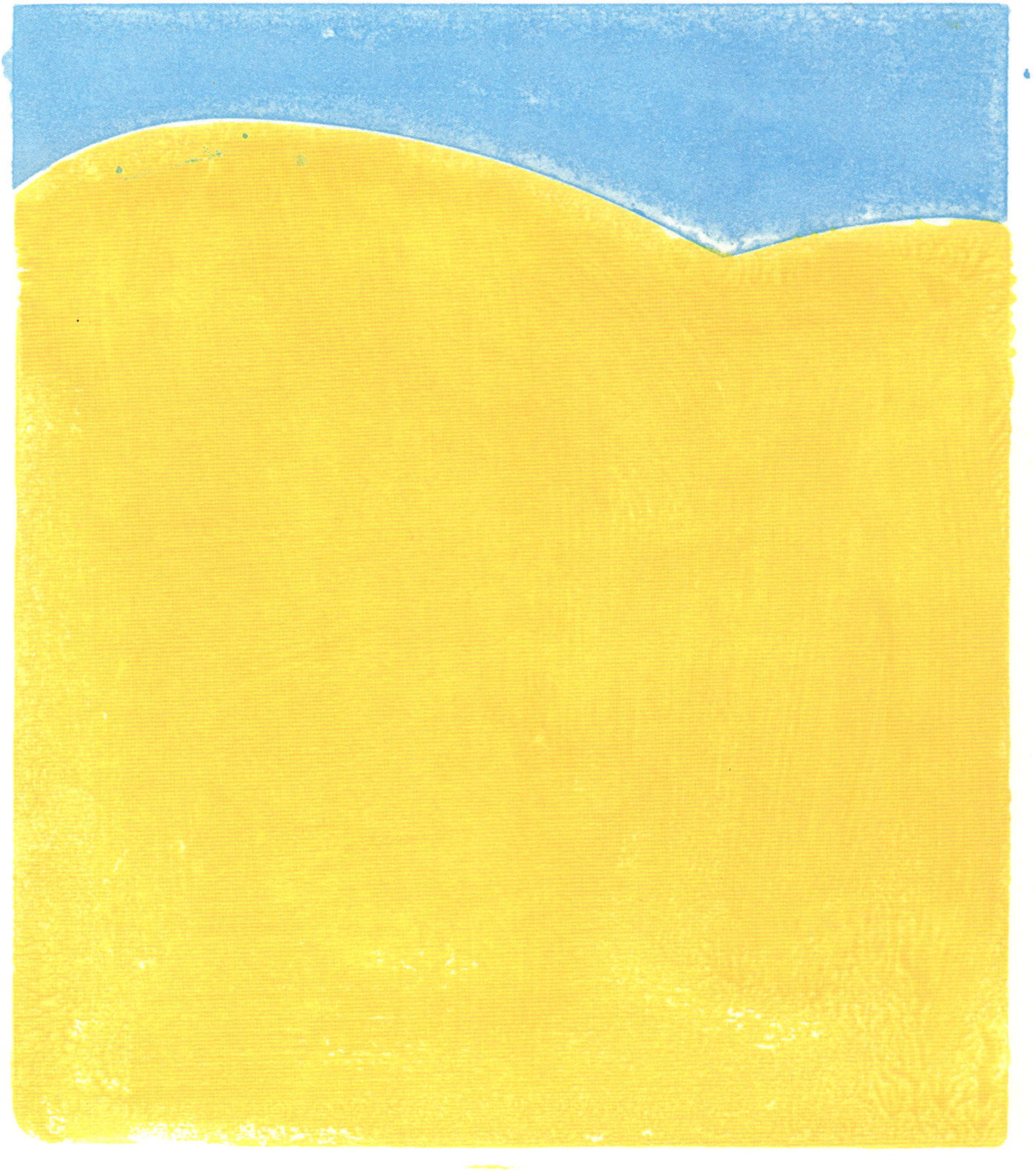

光る瓦

スイカを切ってます
すだれの向こう
光る屋根がわら
夏です
いつもの夏です
海辺の村の昼下り

いちごを食べてます
かき氷です
光る屋根瓦
蝉鳴き
今年もかわらぬ
海辺の村のなつもよう

夢の里

蝉が近くで
鳴いている
坊やは
すやすやおねむ
夢の里でも
蝉がないてるかしら

蝉はしきりに
ないている
坊やは
すやすやおねむ
夢の里では
蝉も鳴いてるだろう

磯の小蟹が

磯の小蟹が寝ぐらに帰る
夕日あかあか岬の向こう

夕日あしたの暮らしを祈る
出船すいすい沖へと向かう

出船おいかけ岬の上に
お星きらきら夕暮れ光る

星はみつめる寝息がもれる
磯辺サーサー白波よせる

うみ

うみをみてると
むこうから
大きく一歩またいで
夢がやってくる
うみはどこまでも青い

うみの入日は
大きいな
とことこ小蟹すみかに
そっと隠れてく
うみはどこまでも続く

夏のおわり

のびゆく線路
昼顔咲いて
シグナル青い
駅のホームの夏のおわり
海の村よさようなら
思い出の夏
思い出の海

砂山風が
ただ吹くばかり
ひとっこ一人
忘れられたか誰もいない
波が寄せて返すだけ
思い出の村
思い出の友

なみだ

月の明るい夜です
のぎくが浮かびます
寝ている
うさぎの坊やの
目に一粒の涙
どんな夢を見てるのでしょう

月の明るい夜です
すず虫ないてます

ぼくから

きみこちゃんお元気ですか
海の村の秋は淋しいです
浜木綿だけが風にゆれてます
もう一度会いたいです
元気でいて下さい

きみこちゃんお元気ですか
山の村の秋はどうでしょうか
ぐみの実赤く空をみつめてる
もう一度会いたいです
お便りまた下さい

きっといつか
また会えるよね
きっと　きっと

兎

青い月夜の
すすきの中で
うさぎは眠る
いい夜だね
夜風がうたってる

夢の月夜は
夜風の中で
うさぎの寝息
いい月だね
すすきがゆれている

スズムシ

リーン　リーン
ここにいるよとすず虫は
精一杯の声
一晩中鳴き続ける

リーン　リーン
だれかいるかとすず虫は
今夜も鳴いてます
誰かに知らせるともなく

十五夜お月さん

萩の花影
十五夜お月さん
しゅんすけちゃんのお窓にも灯がともる
静かに夜がふけてゆく

すすきの上には
十五夜お月さん
しゅんすけちゃんのお窓にも灯が消えた
いい夢みてかどうしてか

十五夜お月さん
しゅんすけちゃんのお窓にものぞいてる

花車

のぎくの花の
花車
すず虫がひいて走ります
月の光をあびながら
夢の国へと出かけます

すすきの花の
花車
こおろぎころころひいてます
月のしずくを吸いながら
あすの国へとむかいます

桔梗の花の
花車
はたおりが引いてまわります

月の夜道をかろやかに
星の国へとすすみます

のぶはるちゃんの窓

青い月が
のぶはるちゃんの窓から見える
うさぎが住んでいます
寝息がもれます
ピョン
夢の中に入いります

夜の風も
のぶはるちゃんの窓から入《は》いる
すすきがゆれています
寝言が聞けます
ムニャ
寝顔　風がさすります

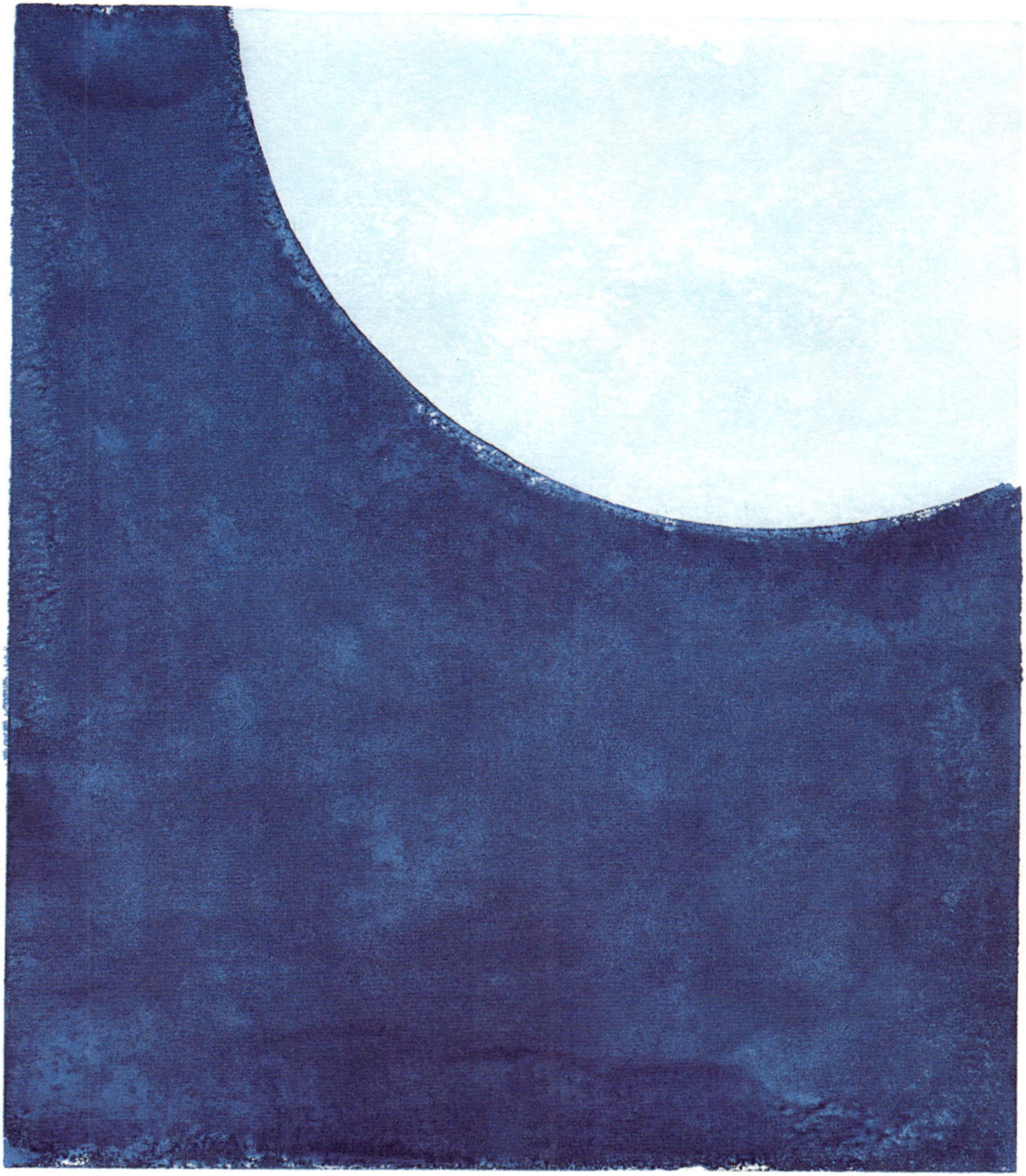

らしく

コスモスはコスモスらしく
君は君らしく
ぼくもぼくらしく
ほんと秋は秋らしい
竹笛が遠くで鳴っている
ぼくはぼくらしく

列車

列車は海沿いを行く
コスモスが咲く駅
浮雲ゆく空
秋と共に走るポポー

わたしは海をみながら
コスモスゆれる駅
秋風吹く空
今も走る列車ポポー

秋空みてゆく
線路をゆく列車ポポー

まけてたまるか

弱いぼくと
さようなら
まけてたまるか
雨もようも
よく晴れた青空になる
きっと

強いぼくに
なったんだ
まけてたまるか
すすきの野に
ここちよい秋風が吹く
いつか

うさぎの坊やは

うさぎの坊やは
月を見て
すすきの影に隠れてた
花は白いぞ
夢の花
父さんはいつの日帰るやら

のぎくの花影
月が出る
うさぎの坊や夢のなか
うす紫の
今日の花
母さんと二人で眠ってる

日影

裏の石垣日影がゆれている
木の葉の影がゆれている
なつかしさをさそってる

背戸のこやぶの落葉がうたってる
秋の日ざしもうたってる
もずの声が聞こえそう

そして日影もうたってる
背戸の木の葉がゆれている

一番星のうた

あの山の上の
一番星
やすひこちゃんの星
きっといつか夢をつかむんだ
やすひこちゃんは
お窓から見ていた

＊＊＊

いちばんぼしみつけた…
遠く聞こえるあの歌が

浮雲

大好きなお父さんと一緒に
山に来た
秋の青空をみつめる
雲はながれる
カーン　カーン

木を切るはお父さんのお仕事
山のなか
秋の青空の浮雲
ぼくをみている
カーン　カーン

枇杷のはな

山で猿が啼いている
窓をあければ
びわの花が
雨にぬれている
母さんどうしているだろう

夕日空に浮かんでる
星も光るよ
びわの花は
風にゆれている
母さん心配しないでね

あの子

あの子が泣いた
枇杷の花の下で泣いた
青空はこよなく青かった
ただ雲が流れるだけだ

あの子を思う
枇杷の花をみると思う
白い花小さく咲いていた
雲間より青空見える

あの子が泣いた
枇杷の花をみると思う

イチバンぼし

二人でみつけた
一番星
くれがたの空に光ってた
あの一番星をつかみたい
二人仲よく遊んでる
ひとしちゃんとりょうこちゃん
いつか一番星手の先に

二人が求めた
一番星
夕空に高く光ってる
その一番星になりたいと
いつも一緒に過ごしてる
ひとしちゃんとりょうこちゃん
そして一番星手の中に

バカヤロー

まけてたまるか
まけてたまるか
バカヤロー

夕日が海へと落ちてゆく
まけてたまるか
くやしい一日
おぼえていろよ
静かに沈んでく
まっかな夕日
くるくる
バカヤロー

兎さん

草影で眠る
うさぎさん
お月さんはみていた
かわいいかわいいうさぎさん
お父さんの夢みてる
いつか会えるだろう

やさしくみている
お月さん
きっと会えるだろう
お父さん

スキ

あの子の窓の上
スキ
星が光るよ
夜空に
きらきら光る
夢の中
スキ

あの子の屋根の上
スキ
星はまたたく
夜空を
すやすや寝てる
夢みてる
スキ

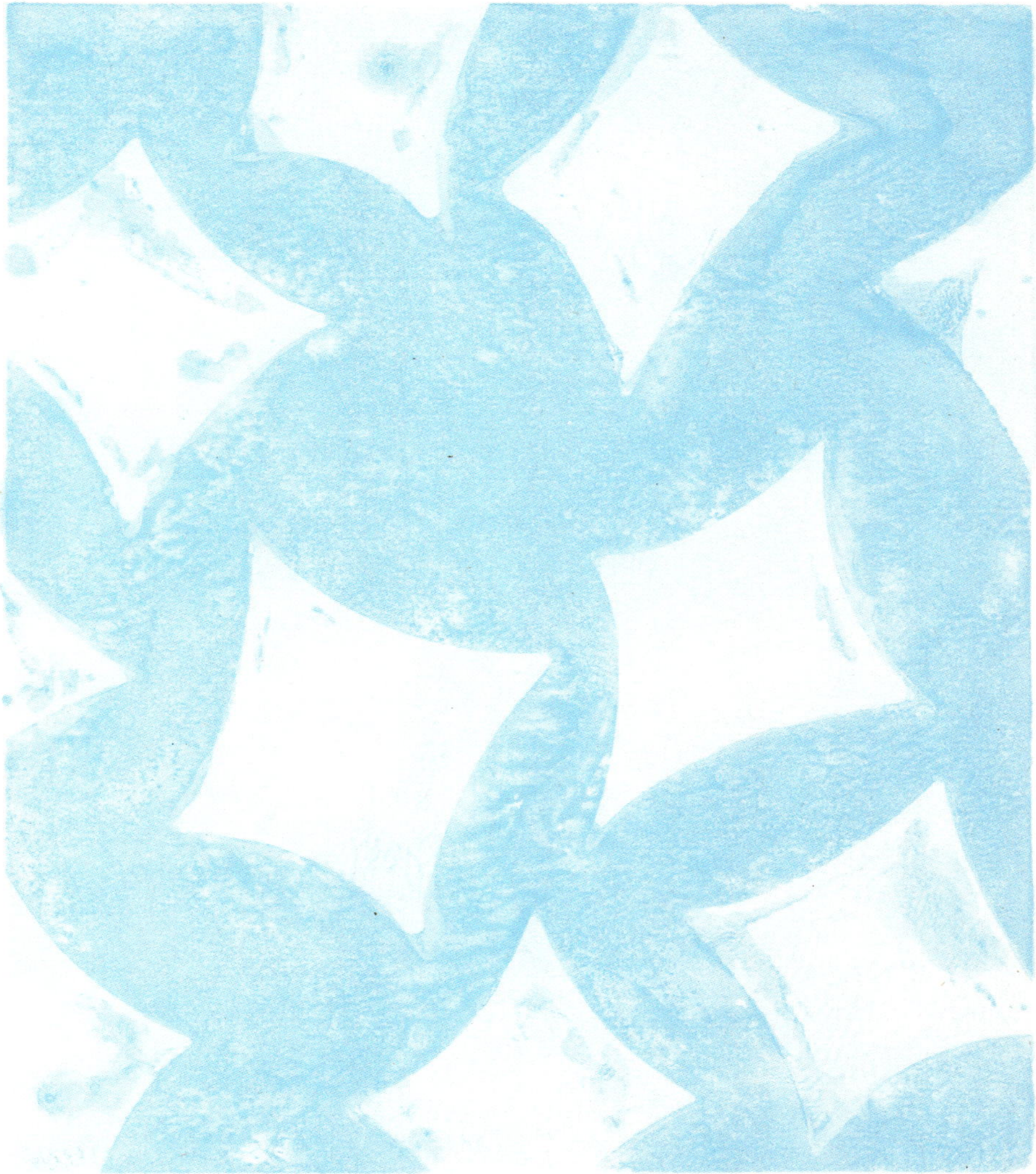

九月の海

海は青くどこまでも続く
岬の鼻に咲く花は
九月の風に
秋の海みてゆれている

ぼくはみてたいつまでもずっと
岬の子供今は秋
九月の海に
秋の風たちながれてる

九月の海
九月の海
どこまでも青い

お月さんみてた

里山に
萩の花が咲いている
お月さんはみてました
帰りの道の月あかり
すすきうっすら浮かんでる

夢の里
萩の花がゆれている
お月さんがみてました
おやすみ坊や灯《ひ》が消えて
小さな寝息もれてます

海

どこまでも続く海
なみ　なみ　なみ
よせては返す

いつまでも青い海
なみ　なみ　なみ
浜辺で見てた

道の草

道の小草がもえている
春の野に来て
空を見る
この一本道はまっすぐに

道の小草がゆれている
春の風吹く
雲は浮く
あの一本道はどこまでも

いつかの道

ねむの葉が眠る
いつかの道
のぶはるちゃんと歩いたね
どうしてるかな

春の日の夢の
いつかの道
のぶはるちゃんを思い出す
お元気ですか

あした二人して
いつかの道

春の小川

若草もゆる春の日に
小川の葦もゆれている
しょうじ君
お元気ですか
春ですね
風光る川面
向こうに三瓶山が見える

夢よ

夢よいつか
この指とまれ
花の上にちょうちょが止まり
春の空は青い

夢よぼくの
この指とまれ
いつか月も岬の上に
春のうたを歌う

夢よ叶え
この指とまれ
春の丘で草笛ならす
はるか海は続く

まど

窓の向こうに
桜の枝
花が咲いてる
白い雲
のぶはるちゃんの夢
夢もいっしょに
窓

窓に見えてる
隣りの屋根
鳥が啼いてる
風が吹く
のぶはるちゃんと夢
夢にいっしょに
窓

桜の花

春に咲く花さくら
えいぞう君はその下で
はらはら桜散る中で
笑顔の写真
ぼくの机の上

春の夢みる花に
えいぞう君は笑顔です
ゆらゆら春の雲は浮く
見上げる桜
ぼくの好きな花だ

春よ

春よ春よ
つくしが芽を出し
風もぬるむよ
空の浮雲も春のいろ
春よ春よ春よ
小川がチョロチョロながれる

春よ春よ
さくら木芽吹くよ
音色ささやく
風が草笛をのせてくる
春よ春よ春よ
小川がチョロチョロかなでる

ゆめから目がさめて

どこかでそおっとうたうよ
春よ春よ春よ
だれかがそおっとうたうよ

ウサギさん

ウサギさん
お母さんにだかれて
夢をみる
いい夢いい夢みています

ウサギさん
お母さんと一緒に
歩いてる
いつもの母と子たのしいね

うさぎの涙

小春のやぶの
笹かげに
ほっと落とした零《こぼ》れ陽に
淋しく風が吹きぬける
うさぎの坊やの目に涙
そっとぬぐった零《こぼ》れ陽よ
やさしくうたう春の風

そして
今宵は空に月の出る
うさぎの坊やはみてました
半かけお月さんが
あったかく光りをふりそそぐ

春《はる》

あしは角《つの》ぐむ
ゆめの春
小川はささやく
白い雲
遠く三瓶《さんべ》の山よ
ふる里
いまもなお

風もぬるむよ
ゆめの春
岬の向こうを
舟のゆく
花も見下ろしている
ふる里
かわらずに

春に桜が咲くように

春に桜が咲くように
りょう君てるこちゃん
二人
いつしか仲よしに
いつも一緒に遊んでる
春に桜が咲くように
いつか同じ窓より桜
みつめてうたう春のうた

春にそよ風吹くように
りょう君てるこちゃん
いつか
いつしか仲よしだ
そしてみつめる一番星
春にそよ風吹くように

空に光る一番星を
みつけてうたう春の宵《よい》

サイタ

サイタ　サイタ
さくらが咲いた
この村に
この青空に
サイタ　サイタ
サクラが咲いた

春だ　春だ
さくらが咲いた
この里の
このそよ風に
サイタ　サイタ
サクラが咲いた

にじ

のぶはるちゃんは
虹の橋わたって夢の国
チルチルミチル
青い鳥

のぶはるちゃんの
窓辺から見えてる　かかる虹
ジム・ホーキンズ
宝島

葉書

あめ　あめ　あめ
雨の絵をそえて
きょうこちゃんに葉書を出した
ねむの葉にしずく
雨のしずく

にじ　にじ　にじ
虹の絵をそえて
きょうこちゃんはお返事くれた
ねむの葉のかげで
読んでいるよ

雨上がり

あめあめ
雨のしずくを
若葉は落とす
そっと
まさるちゃんと
呼んでみる

やねやね
虹のかけはし
屋根のむこう
きっと
まさるちゃんは
来てくれる

光る海

砂山で
歌いながら二人
貝を拾う
きらきら光る海
山の子と海の子

いつまでも
話しながら二人
海を見てた
さよならしたくない
山の子と海の子

註

P33♪・P34♪左　「鯉のぼり」作詞者不詳　大正２年 尋常小学校唱歌 第五学年用 初出

P34♪右　童謡「こいのぼり」作詞者 近藤宮子　昭和６年『エホンショウカ ハルノマキ』初出

P71♪　「一番星見つけた」作詞者 生沼勝　昭和７年 新訂尋常小学校唱歌 第一学年用 初出

P104　光る海『きりんさん』（てらいんく刊収録）を改訂

楽譜

雨上がり

作詞　佐々木寿信

作曲　檜山正照

mp
げんきでいて　くだ　さい
おたよりまた　くだ　さい
mp
mp
きっと　いつかまた一　あ　えるよね　きっ
mp
p
rit.
と　きっと
p
rit.

ぼくから

作詞　佐々木寿信

作曲　高橋知子

25
mp
mf
f
ねむのはに　しずく　あめの　しずく
ねむのはの　かげで　よんで　いるよ
31
1.
37
2.
poco rit.
p

葉書

作詞　佐々木寿信
作曲　白川雅樹

1. mp
ま ま の の こ こ と と う み の こ
1.
f
mp
2.
mp
poco rit.
a tempo
う み の こ ー
2.
p
poco rit.
mp
a tempo
cresc.
rit.
p a tempo
8va
dim. e poco rit.

光る海

作詞　佐々木寿信

作曲　高橋知子

この詩集を
初恋の人桑原公子、幼い恋の海塚清美、友人の原田立志、林能伸、
級友の後藤宣治、生越英三、須田理、大久保靖彦、清水寛、福間勝、
先輩の石橋一広、林和平、村田清治、
後輩の黒田恵美子、橋本泰子、菅原千恵子、海塚祥二の各氏に捧ぐ。
大門節子、岸本比佐子、川口朋子、大屋弘子、浅野芙美子、田枝和美の御許に。
そして父と母に。恩師宍道泰玄先生、石本良子先生に。
また葛西薫先生、武鹿悦子先生に感謝。

佐々木寿信

佐々木寿信（ささき・としのぶ）

1948年　島根県大田市生まれ　島根大学文理学部理学科中退

童謡集　「白い秋」（日本海溝社）
　　　　「きりんさん」「もうすぐ春です」「おげんきですか」（てらいんく）
曲集　　「岬から」（ハピーエコー）
　　　　「雨上がり」「僕がうたう秋のうた」「十五夜」「麦笛」（てらいんく）
詩集　　「行雲流水」「母の墓碑銘」（てらいんく）
短歌集　「春岬」（てらいんく）
小説　　「岬の風」（てらいんく）
随筆集　「日時計」（島根日日新聞）
曲集　　「花物語」（三恵社／大西隆之 作曲　大西隆之 著）
作詞　　「泣き虫ピエロ」（NHK みんなのうた ／ 中川俊郎 作曲）
画集　　「佐々木寿信画集」（てらいんく）

三木露風賞受賞

葛西 薫（かさい・かおる）

1949年　北海道札幌市生まれ　室蘭栄高等学校卒業
(株)文華印刷、(株)大谷デザイン研究所を経て、1973年　(株)サン・アド入社
サントリーウーロン茶中国シリーズ、ユナイテッドアローズ、虎屋などの広告制作
およびアートディレクションのほか、映画演劇の宣伝美術、装丁など活動は多岐

1997年　「NHK ハート展」において、佐々木寿信の詩に絵を添える
2015年　NHK みんなのうた「泣き虫ピエロ」（佐々木寿信 作詞 ／ 中川俊郎 作曲）の動画を制作
著書に「図録 葛西薫 1968」（ADP）がある

毎日デザイン賞、東京 ADC グランプリなどを受賞

遅日《ちじつ》の記《き》

発行日　2017年9月10日

詩　佐々木寿信

画　葛西 薫

装丁　葛西 薫・安達祐貴

題字　佐々木寿信

発行者　久保田啓子

発行所　株式会社 ADP

165-0024　東京都中野区松が丘 2-14-12

tel: 03-5942-6011　fax: 03-5942-6015

http: //www.ad-publish.com

振替　00160-2-355359

印刷・製本　株式会社シブヤ

Printed in japan

ISBN978-4-903348-49-0 C0092 ￥2500E